LETTRES

AUX ENFANTS

sur

Oberlin

ET LE BAN-DE-LA-ROCHE.

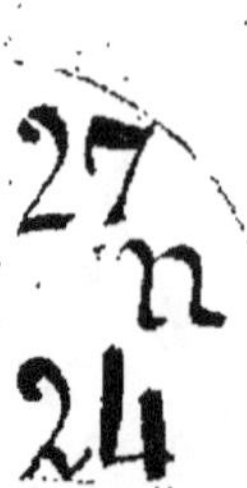

LETTRES AUX ENFANTS

SUR

OBERLIN ET LE BAN-DE-LA-ROCHE.

STRASBOURG, impr. de V.ᵉ BERGER-LEVRAULT.

J. F. OBERLIN

Pasteur à Waldbach,

né le 31 Aout 1740; mort le 1.er Juin 1826.

LETTRES

AUX ENFANTS

sur

Oberlin

ET LE BAN-DE-LA-ROCHE.

Strasbourg,

CHEZ VEUVE LEVRAULT 1841.

UN PREMIER MOT A MES JEUNES LECTEURS.

Le contenu des lettres que vous allez lire, mes chers amis, a paru l'année passée dans un petit Journal pour les enfants qu'on publie à Lausanne, en Suisse, et qui a pour titre *Lectures pour les enfants* [1]. Vous verrez, en lisant la troisième lettre, qu'en commençant à parler du Ban-de-la-Roche et d'Oberlin, je ne connaissais pas encore par moi-même ce pays, qui m'intéressait cependant beaucoup; depuis lors j'y suis allé, j'ai eu le bonheur d'y demeurer, et c'est un motif de plus pour moi de vous en parler. Je sens le besoin de vous dire pour quelle raison le Ban-de-la-Roche avait pour moi un si grand intérêt : j'avais l'âge de plu-

[1] Chez Delay à Paris, rue Basse du rempart, n.° 62. — Rhein et Levrault, à Strasbourg.

sieurs d'entre vous, huit ou dix ans, si je ne me trompe, quand je lus dans l'Ami de la jeunesse une petite histoire du Ban-de-la-Roche et du vénérable pasteur Oberlin, qui vivait encore alors. Je ne puis vous dire la profonde impression que me fit cette lecture et l'admiration que je conservai depuis pour l'excellent pasteur du Ban-de-la-Roche. Sa vie pleine d'activité, de dévouement pour ses frères, me paraissait de toutes la plus heureuse. J'ai depuis suivi la même carrière qu'O-berlin, et sans aucun doute la lecture de sa vie a beaucoup contribué à me faire prendre cette heureuse décision.

Puisse aussi la lecture que vous allez faire de ces lettres sur Oberlin vous en-flammer de l'amour du bien et vous ex-citer à devenir ses imitateurs.

Strasbourg, décembre 1840.

Waldbach ce 3 Mars 1817.

Ma Chère Sophie!

Recevez et partagez avec Votre Chère Maman, et avec Sophie M...... mes sincères Remerciments pour les Charitables Secours offerts à nos pauvres Habitants.

Je me rejouïs sur la Vie à venir, où je pourrai revoir et embrasser tous et toutes mes chères Enfants. Dans cette Vie cela ne se peut guères faire; depuis un An je vieillis extrèmement, et toutes mes Forces se perdent, tandis que mes Travaux se multiplient, surtout aussi depuis la — pas seulement Misère et Chèreté, mais — Famine, qui règne ici, et qui est telle, que toutes les nombreuses Familles, qui se nourrissent de la Filature de Coton, mourroient de Faim, si elles n'étoient secourues journellement C'est là une Besogne, sous la quelle ma bonne Louïse Scheppler succombe presque —; Votre cher Souvenir l'a extrèmement émuë et réjouïe, elle Vous en remercie cordialement et Vous salue avec Tendresse

Présentez, s'il Vous plait, mes Respects à Nos chers Parents.

Soyez à Dieu, ma chère Sophie

Notre vieux Papa Oberlin, qui ne voit presqu' plus ce qu'il écrit, ne a à écrire

LETTRES AUX ENFANTS

SUR

OBERLIN ET LE BAN-DE-LA-ROCHE.

Première Lettre.

CE QU'ÉTAIT LE BAN-DE-LA-ROCHE EN 1750.

Lausanne, avril 1840.

Mes chers amis,

Je vais vous raconter une chose merveilleuse, que Dieu a faite dans une petite contrée montagneuse, située en France, près de la grande ville de Strasbourg. Cette contrée se nomme le Ban-de-la-Roche. Supposons que nous nous y rendons ensemble; pour cela, prenons à Lausanne la diligence de Berne, à Berne celle de Bâle; embarquons-nous à Bâle sur un bateau à vapeur, et nous

1

serons bientôt à Strasbourg, en descendant le Rhin. Dans cette ville, on nous indiquera le but de notre voyage, et en suivant la jolie vallée de la Bruche, nous traverserons Mutzig, puis Schirmeck, et nous aurons mis le pied sur cette terre où se sont passées de si grandes choses.

Mais un moment, mes amis, faisons une halte. Pour mieux comprendre ce que nous allons voir, il faudrait savoir, n'est-ce pas, ce qu'était autrefois le Ban-de-la-Roche ; pour admirer l'éclatante lumière que Dieu a fait luire sur ce pays, il faudrait commencer par le connaître lorsqu'il était couvert d'épaisses ténèbres, c'est-à-dire, lorsque ses habitants étaient encore sans instruction et bien malheureux, et le pays tout à fait inculte. — Pour connaître ce qu'était alors le Ban-de-la-Roche, en 1750 par exemple, quand M. Stuber, l'excellent devancier du vénérable Oberlin, y fut nommé pasteur, et se rendit dans sa pauvre cure au chétif hameau de Waldbach, il nous faudrait avoir le récit d'un voyage fait à Waldbach en 1750; mais il y a mieux que cela, allons-y nous-mêmes en 1750, en rêve..... Endormons-nous sous cet arbre. — Chut! le rêve commence et je vais le raconter.

C'est au 25 juin 1750 que nous sommes transportés. Nous partons encore de Lausanne, et quoiqu'en imagination les choses se passent vite ordinairement, nous mettons cependant beaucoup plus de temps en route : les chemins sont mauvais et les voitures pesantes font d'énormes cahots ; point de bateau à vapeur à Bâle cette fois-ci (et tout cela parce que nous sommes en 1750). Enfin après plusieurs semaines, nous sommes à Strasbourg et nous demandons le chemin du Ban-de-la-Roche.

— Eh! qu'allez-vous faire dans ce pays perdu du Ban-de-la-Roche? nous dit la femme de l'aubergiste ; mais enfin, si vous voulez y aller, cela vous regarde ; il n'y a pas de chemin qui y mène, sachez-le bien. Le vieux Jean vous conduira dans la carriole jusqu'à Mutzig, ou même jusqu'à Schirmeck, puis vous vous dirigerez sur les ruines du château de la Roche, car je pense que c'est à Wald-bach chez M. le pasteur Stuber que vous vous rendez.

— Justement.

— Tant mieux pour vous, car vous ne seriez guère bien ailleurs dans ce pays isolé.

La carriole du vieux Jean nous a laissés à Schirmeck. En avant, en avant, vers ce vieux château de la Roche qui doit être de l'autre côté de la Bruche ;..... mais où est donc le pont ? Qui trouvera le pont ?

— Il n'y en a peut-être pas dans ce singulier pays, dit l'un.

— Pays perdu ! dit un autre en se rappelant les derniers mots de l'aubergiste.

— Venez, venez, s'écrie Jules, je l'ai trouvé, j'ai trouvé le pont!

Quel pont! une seule pièce de bois glissante reposant sur de hauts rochers; et dessous, l'eau qui tourbillonne fait un bruit menaçant. On regarde la mauvaise pièce de bois et l'on décide enfin que c'est le pont, puisqu'il n'y en a point d'autre, et qu'on le traversera; car il n'y a pas moyen de faire autrement. Bref, on passa sans accident et il n'y eut de chute... que celle d'une canne; je suis fâché de vous dire que ce fut celle de maître Jules, qui, fier d'avoir découvert le pont, crut devoir y passer et repasser plusieurs fois, et la laissa tomber dans la Bruche.

Il y avait dans la direction du vieux château une espèce de sentier qu'on suivit, mais qu'il fallut quitter, parce qu'il tournait décidément beaucoup trop à droite, et l'on se mit à marcher à travers champs; quand je dis à travers champs, je suis bien honnête envers ce pays sans culture, car on avançait en traversant des vallées et en franchissant des collines arides et pierreuses; on ne rencontrait que des bruyères et des genêts, et tant de pierres et de rochers que cela donnait envie de croire à une pluie de roches. Il faisait très-chaud et c'est très-fatigant de marcher dans le sable, mais on allait arriver à une forêt où l'on serait à l'ombre, et cela ranima la petite troupe, qui campa sur la lisière de la forêt, sous un arbre, tout près d'un ruisseau. Louis fit la remarque qu'il avait grand'faim, et chacun trouva que le moment du repas était venu, et bientôt tout le pain, tout le fromage et les poires, provisions de la route, disparurent.

Le soleil commençait à descendre, lorsqu'on se remit en route; il était trois heures; on espérait arriver bientôt à Waldbach, au pied du vieux château ruiné qui paraissait se rapprocher,... mais au moment où l'on s'engageait sous le feuillage des arbres, on s'aperçut qu'on ne pouvait plus voir les ruines et qu'on allait se perdre. Grand émoi dans toute la bande; faut-il avancer? faut-il revenir sur ses pas? à qui demander le chemin?

Alors, avec un air d'importance, Henri, le plus réfléchi de la troupe, fit part des savantes réflexions qu'il avait faites. « Le soleil, dit-il, se couchera derrière les ruines; j'ai eu soin de m'orienter avant d'entrer dans la forêt, comme ce voyageur en Amérique, vous savez : suivons la direction du soleil, et nous serons dans le bon chemin. »

Le conseil était bon, on l'écouta; on traversa la forêt sans encombre. Seulement le penseur Henri, qui était en arrière revint tout à coup, courant à toutes jambes et s'écriant qu'il était poursuivi par une bête féroce, au moins par un loup ou par un sanglier,... qui ne vint pas; quelques feuilles agitées par quelque innocent animal avaient causé sa frayeur. Elle se communiqua aux autres, suivant qu'ils étaient plus ou moins courageux, et ce qui est sûr, c'est que depuis ce moment les bêtes féroces et les dangers se présentèrent à leur imagination beaucoup plus qu'auparavant; on remarqua que l'on n'avait encore rencontré personne, pas même un bûcheron. On pensait à Strasbourg, à Lausanne, et quelques-uns disaient qu'on n'aurait pas dû s'aventurer ainsi dans ce pays désert, ni traverser ce vilain pont que Jules avait découvert : Jules ne défendait pas son pont, mais songeait à sa canne et calculait la place où elle pouvait se trouver; — peut-être, pensait-il, la Bruche l'a déjà entraînée jusqu'à Strasbourg.

Cependant ce cri retentit : « Voici la fin de la forêt! voici la fin de la forêt! je vois le château, il est tout près. » C'était l'éclaireur de la troupe, Ernest, qui criait à tue-tête ces bonnes nouvelles.

On accourut et l'on se dirigea vers le château avec ardeur, quoiqu'on fût bien fatigué et que la faim se fît de nouveau sentir. Le pays d'ailleurs devenait de plus en plus montueux : il fallait tantôt descendre au fond d'une vallée, tantôt grimper sur le penchant opposé. Le soleil baissait sensiblement, il était sept heures du soir. Si seulement on avait trouvé quelque maison pour se reposer, pour manger et pour y prendre un guide, qui eût fait éviter les tours et détours sans fin que le manque de chemins obligeait à faire ! Ernest prétendait bien apercevoir des espèces de maisons, perchées bien loin, bien loin sur la gauche et sur la droite, au sommet ou sur les flancs de la montagne ; mais étaient-ce des maisons ou des cabanes inhabitées ? — on n'en voyait point sortir de fumée.

La fatigue, la faim, le découragement s'emparaient de plus en plus de la bande, quand, ô bonheur inattendu! on vit au-dessus de soi un petit toit de chaume, une maison enfin.

— Arrivez, arrivez! une maison, une maison! répète-t-on de toutes parts.

A ce bruit un habitant du Ban-de-la-Roche sort de sa cabane; il ouvre de grands yeux, étend les bras, et tout étonné de voir tant de monde dans ces lieux solitaires, il s'avance vers Ernest toujours en avant, et lui dit : *Bonon djo Monsieu d'jvos lo soité de to me kieuah.*

— Comment? fait Ernest.

— Attends, dit Henri, c'est que nous sommes en Alsace; je vais lui parler allemand, je saurai bien me faire comprendre; — mais point, le montagnard ne comprenait pas mieux l'allemand que le français. Alors sortit de la bande le petit Nicolas, dont ses camarades se moquaient souvent, parce qu'il parlait mieux patois que français; ce n'était pas la faute du petit Nicolas, qui n'était guère sorti d'un village des Alpes.

— Je comprends ce qu'il dit, moi; il a dit : *Bonjour, Monsieur, je vous le souhaite de tout mon cœur.* C'est qu'en effet le patois du Ban-de-la-Roche a du rapport avec celui de la Suisse.

Le petit Nicolas devint un membre précieux de la troupe; il lui servit d'interprète. On avait faim avant tout, mais le montagnard n'avait ni beurre, ni lait, ni fromage; on n'avait pas alors de bétail dans ce pays, mais des pommes de terre, des pommes et des poires sauvages; rien de plus, pensez-y mes amis !

Les voyageurs mangèrent des pommes de terre assez mauvaises, parce qu'elles avaient gelé, et quelques-uns se jetèrent aussi sur les pommes et les poires qui étaient fort amères; puis le montagnard à qui Nicolas l'avait demandé, prit un gros bâton et se chargea de servir de guide jusqu'à Waldbach.

La conversation ne fut pas très-animée avec le guide, qui ne parlait ni français, ni allemand, mais que de choses on se dit sur ce pauvre pays, sur la triste cabane du montagnard; il y en eut plus d'un qui bénit Dieu du bon pays où il l'avait fait naître et qui lui demanda de bénir aussi le Ban-de-la-Roche. On faisait mille remarques à mesure qu'on approchait de Waldbach, dont on voyait les petites maisons. Il était presque nuit. On arrive et l'on touche enfin la cure de Waldbach; on appelle M. Stuber; il accourt, il tend les bras à ses jeunes amis; il s'étonne de ce qu'ils ont entrepris, sans l'avoir fait prévenir, leur voyage aventureux: « J'aurais été à votre rencontre, si je l'avais su. »

Tout en causant, on prépare un repas qui ranime nos voyageurs exténués.

M. Stuber raconte alors comment il a trouvé le Ban-de-la-Roche, le peu d'habitants qu'il renferme, leur misère, le manque entier d'instruction; il leur dit comment les habitants se nourrissent; il leur parle du manque de communications des villages entre eux, de la peine qu'il a eue à se faire entendre en français, et bien d'autres choses que les voyageurs comprennent très-bien parce qu'ils les ont éprouvées eux-mêmes en venant.

— Comment se fait-il, Monsieur, dit Nicolas, que vous vouliez être leur pasteur?

Monsieur Stuber prenant la main de Nicolas : « Mon ami, c'est dans l'espoir de leur faire du bien, de les instruire, de les changer en leur faisant connaître Dieu et Jésus-Christ notre Sauveur; j'espère qu'avec le secours de Dieu, l'Évangile qui a la force de changer les cœurs, renouvellera aussi la face de ce pays. »

Après une intéressante conversation sur l'état actuel du Ban-de-la-Roche et sur les espérances pour l'avenir, on songe à s'aller coucher ; ce n'est pas chose facile de caser chacun ; — mais la cloche de l'église nous réveille,..... nous nous retrouvons à Schirmeck en 1840.

Je m'empresse d'ajouter que si nous étions allés en réalité au Ban-de-la-Roche en 1750, nous aurions à peu près trouvé les choses telles que nous les avons vues en rêve.

Adieu mes chers amis, que la présence de Dieu qui voit tout, qui entend tout, vous accompagne !

Deuxième Lettre.

Lausanne, mai 1840.

Vous vous souvenez, mes chers amis, que dans ma lettre du mois d'avril, nous avons commencé ensemble un petit voyage imaginaire au Ban-de-la-Roche.

Nous nous étions mis en route à Lausanne et nous étions arrivés sans événement à Schirmeck, tout près du but de notre voyage; c'est là, vous vous en souvenez, que désirant savoir ce qu'était le Ban-de-la-Roche avant son merveilleux changement, nous avons interrompu notre course pour supposer qu'un rêve nous y transportait en 1750. Ce rêve est fini, la cloche de Schirmeck nous a réveillés, et ce serait le moment d'entrer tout de bon et de voir enfin de nos yeux les beaux travaux d'Oberlin. Mais, mes amis, je viens vous proposer un autre moyen de les connaître ; au lieu d'un voyage imaginaire que vous feriez, ce sera un voyage réel que je raconterai, et ce voyage ce sera le mien. Pour continuer comme j'avais commencé, j'aurais dû me contenter de lire les récits de voyageurs, ne connaissant pas moi-même le Ban-de-la-Roche ; mais depuis lors, appelé à demeurer quelque temps à Strasbourg, j'aurai l'occasion d'aller à Waldbach, et ce sera ce voyage dont je vous parlerai dans mes prochaines lettres.

Ainsi donc, patience, mes amis ; puissiez-vous jusque-là et toujours croître en sagesse et en grâce devant Dieu et devant les hommes, comme notre Seigneur Jésus-Christ quand il avait votre âge.

Votre ami.

Troisième Lettre.

CE QU'EST AUJOURD'HUI LE BAN-DE-LA-ROCHE.
— ENTRÉE D'OBERLIN.

Lausanne, août, 1840.

Je viens, mes amis, m'acquitter de la promesse que je vous ai faite de vous parler du Ban-de-la-Roche quand je l'aurais moi-même visité. Je puis vous dire que je l'ai trouvé bien différent de ce qu'il était en 1750, et son état ne ressemble pas du tout à celui que nous avons vu dans notre rêve; sans la Bruche, qui est toujours la même, je ne m'y serais pas reconnu, tant le pays a changé de face.

Vous vous souvenez que nous ne trouvions que bruyères, que genêts et que ro-

chers dans la direction de Schirmeck à Waldbach; nous fûmes obligés, après avoir heureusement découvert une planche pour passer
la Bruche, de nous diriger sans guide à travers
le pays, au grand risque de nous perdre.

Eh bien, l'on m'a fait suivre un fort joli
chemin le long de la rivière; il était souvent
bordé par des champs de blé, soutenus sur
le penchant des collines par des murs de
pierre. Bientôt nous passâmes la Bruche sur
un pont solide qui s'appelle *Pont de charité*;
ce sera, si vous voulez, à cet endroit que
nous fîmes la découverte du pont où notre
ami Jules perdit sa canne. Je vous dirai plus
tard pourquoi l'on nomme ce pont *Pont de
charité*, et quels dangers d'autres que nous
dans notre rêve, éprouvèrent réellement au
passage de cette planche. A mesure que nous
avancions, nous faisions la rencontre de plusieurs habitants du Ban-de-la-Roche, pro-
prement vêtus, qui nous saluaient poliment

et n'avaient point l'air étonné de ce paysan qui ne comprenait pas le français et que nous découvrîmes si heureusement pour nous conduire à Waldbach. Les personnes dont je parle paraissaient bien élevées et prévenantes.

J'ai surtout pu juger de la politesse des habitants, dans d'autres courses que j'ai faites dans la vallée. J'ai accompagné le pasteur actuel, le respectable successeur d'Oberlin, dans une petite tournée qu'il faisait dans sa paroisse. Vous auriez bien admiré, mes amis, le respect qu'on lui témoignait, comme les hommes et les femmes le saluaient, comme les enfants s'arrêtaient, les garçons le bonnet à la main, les filles faisant une belle révérence.

J'ai pu juger à Waldbach, le dimanche à un service de l'après-midi, du recueillement des Ban-de-la-Rochois; il pourrait nous servir d'exemple, tout comme aussi celui de plusieurs jeunes filles auxquelles, dans un autre village, la femme du pasteur, digne fille d'Oberlin, racontait les étonnantes choses que Dieu fait chez les païens par le moyen des missionnaires.

Quelle différence, mes amis, entre ce que j'ai vu et ce que nous nous serions attendus à trouver au Ban-de-la-Roche! A Solbach je réunis autour de moi les enfants et leur fis une école du dimanche, avec beaucoup de plaisir, je vous assure, tant ils étaient sérieux et attentifs, et quand l'école fut terminée, ils sortirent tous tranquillement après avoir très-bien chanté un cantique.

On me montra les cahiers qui servent à un examen général qui se fait tous les trois mois; il y avait dans chaque cahier quelques règles d'arithmétique, un passage de la Bible, quelque autre chose encore, dont je ne me souviens pas, et sur la dernière page une estampe coloriée; beaucoup de petits garçons avaient dessiné des militaires, et la plupart des petites filles, des fleurs.

J'ai cherché jusqu'ici, mes amis, en vous racontant ce que j'ai vu au Ban-de-la-Roche et en le comparant au passé, à vous montrer qu'il était complétement changé ; au lieu d'un paysan sans culture, nous avons rencontré des habitants honnêtes, ayant des enfants dociles ; là où il n'y avait ni chemins, ni ponts, nous en avons trouvé cette fois-ci ; nous avons vu partout la terre cultivée, des champs fertiles. — Notre guide de 1750 n'avait pu nous offrir que des pommes de terre assez mauvaises et des fruits sauvages ; on nous a offert au Ban-de-la-Roche d'excellents légumes et des cerises remarquablement belles, cueillies sur un arbre que le régent d'un des villages avait greffé lui-même.

Mais il me tarde d'arriver à celui à qui Dieu donna les forces et accorda les bénédictions nécessaires pour l'accomplissement de ces grands changements, et pour cela je vais reprendre le récit que je vous faisais de ma première course au Ban-de-la-Roche ; je l'ai interrompu à l'occasion de plusieurs Ban-de-la-Rochois qui nous croisèrent sur la route de Rothau à Fouday. Cette route charmante est longue d'une lieue ; on passe de nouveau la Bruche en arrivant à Fouday, et, comme les maisons de ce village ne sont pas très-élevées, c'est le clocher de l'église qui frappe d'abord la vue. On nous y conduisit en nous faisant traverser le cimetière, et nous nous arrêtâmes devant une tombe qui portait cette inscription :

CEUX QUI AURONT

ICI REPOSENT

LES DÉPOUILLES MORTELLES

DE

JEAN-FRÉDERIC OBERLIN,

PASTEUR DE LA PAROISSE

DE

WALDBACH.

Né le 31 Août 1740.

Décédé le 1.er Juin 1826.

IL FUT PENDANT CINQUANTE-NEUF ANS

LE PÈRE

DU

BAN-DE-LA-ROCHE.

ÉTOILES A TOUJOURS ET A PERPÉTUITÉ.

AMENÉ PLUSIEURS A LA JUSTICE

LUIRONT COMME DES

C'est de ce chrétien remarquable, de ce pasteur qui fut cinquante-neuf ans le père de sa grande paroisse, c'est d'Oberlin, mes amis, que je vais maintenant vous parler; car c'est lui que Dieu a chargé de transmettre au Ban-de-la-Roche la plupart des bienfaits qu'il a répandus sur ce petit pays.

Dans la première lettre nous avons vu M. le pasteur Stuber, installé au Ban-de-la-Roche en 1750, s'y rendre avec foi et avec charité, dans l'espoir que la religion du Saüveur, qui est puissante pour changer un cœur et le sanctifier, aurait aussi une grande influence pour le bonheur de cette contrée. Ce digne pasteur, qu'Oberlin se plaisait à nommer son *excellent devancier*, demeura quelques années à Waldbach; ce fut lui qui commença la régénération du Ban-de-la-Roche avec un dévouement et une piété que je veux vous montrer en vous faisant lire quelques lignes de lui. Il faut que vous sachiez qu'il, s'occupait beaucoup des enfants; tous les mois un régent faisait faire à tour de rôle une récitation publique à l'église, les enfants rangés autour de la chaire récitaient en chœur. « Nous nous agenouillions ensuite tous ensemble », dit le pieux Stuber; « nous avions toujours quelque prière à faire à Dieu, soit pour notre pays, soit pour nos supérieurs, soit pour nos bienfaiteurs, soit pour les églises et les écoles, soit pour les instituteurs, soit pour les parents, soit enfin pour les enfants eux-mêmes, afin que le Père céleste daignât leur accorder sa bénédiction. »

J'aimerais bien à vous dire aussi comment M. Stuber apprit aux enfants à chanter et le plaisir que le chant des enfants causait aux Ban-de-la-Rochois; mais il faut cependant arriver à Oberlin et voir d'abord comment M. Stuber, en quittant sa cure de Waldbach en 1767, fut conduit à le choisir pour son successeur. Il avait entendu parler d'Oberlin, et un pressentiment des plus juste lui disait que ce jeune homme était le successeur qu'il lui fallait. Il va le trouver. Il monte un long escalier et entre dans une petite chambre sous le toit. En ouvrant la porte il aperçoit au fond de la chambre un lit caché derrière des rideaux de papier. « Voilà du Ban-de-la-Roche, » se dit Stuber tout bas. Il s'approche du lit, il plaisante Oberlin sur les rideaux. « Et que signifie ce petit poêlon de fer au-dessus de votre lampe ? » — « C'est ma cuisine, répondit Oberlin, je dîne avec mes parents et j'emporte chaque fois un morceau de pain ; à huit heures du soir, je mets le pain dans le poêlon, j'y ajoute du sel et j'y verse de l'eau ; alors je place ma lampe dessous et je continue à étudier,.... puis quand la faim se fait sentir je mange ma soupe. » Stuber sourit et lui dit : « Vous êtes l'homme que je cherche ; » il lui fait ensuite connaître le but de sa visite, le désir de l'avoir pour successeur. Le récit des difficultés qu'on lui annonce, de l'état du Ban-de-la-Roche, du bien qu'on pourrait y faire, enflamme Oberlin, qui s'écrie : « Je serai pasteur du Ban-de-la-Roche ! »

Peu de temps après, Oberlin entrait dans l'humble cure de Waldbach, et, prosterné sur le seuil, il demandait à Dieu la force de se dévouer tout entier à sa paroisse.

Il me reste à vous montrer, dans ma dernière lettre, Oberlin travaillant à la régénération du Ban-de-la-Roche.

En relisant cette lettre, cherchez à en profiter, mes amis. Soyez pour vos parents, pour vos maîtres, pour vos pasteurs, respectueux comme les enfants du Ban-de-la-Roche, et montrez-vous reconnaissants pour les personnes qui, comme le bon M. Stuber, cherchent à conduire les enfants au Sauveur. Vous ne serez heureux que quand vous aimerez Dieu et quand vous ferez sa volonté, mais vous avez souvent de la peine à la faire, n'est-ce pas? Je veux vous indiquer un moyen. Priez notre Sauveur de devenir votre ami; il aimait les enfants, il les aime encore, car il a été enfant comme vous; il comprend tout ce qui intéresse les enfants; il prend part à leurs joies et aussi à leurs chagrins. Oui, priez Jésus d'être votre ami, et non-seulement il vous consolera, mais comme il est puissant, tout-puissant, il vous donnera la force de faire votre devoir.

Adieu, mes chers amis, Dieu vous bénisse.

Votre ami.

Quatrième Lettre.

TRAVAUX DU PASTEUR OBERLIN. — SA MORT.

Lausanne, septembre 1840.

Voyons maintenant, mes amis, le pasteur Oberlin à l'œuvre.

Pour retirer ses paroissiens de l'état où nous avons vu qu'ils se trouvaient, il était essentiel de les mettre en rapport avec d'autres hommes plus développés; mais pour cela il fallait établir une communication régulière avec la grande route. Oberlin rassemble ses paroissiens et leur propose de pratiquer eux-mêmes un chemin d'une demi-lieue, afin de ne plus être prisonniers dans leurs villages les trois quarts de l'année. « Il s'agit de votre bonheur et de celui de vos enfants; il s'agit de vous procurer à tous des moyens de vivre, s'écrie-t-il, que ceux qui le comprennent viennent travailler avec moi!» — A ces mots, Oberlin prend une pioche; il se met en route, et ses paroissiens, animés par lui, se hâtent de prendre leurs outils et le suivent. On vit plus d'une fois le digne pasteur, pour prêcher d'exemple, choisir à dessein pour lui les endroits les plus difficiles, les travaux les plus pénibles, se souciant peu d'avoir les mains déchirées par les broussailles ou écrasées par les pierres. Souvent il faisait travailler sur divers points à la fois; alors, cavalier aussi habile que courageux, il montait à cheval, volait d'un endroit à l'autre, et donnait partout les conseils et les ordres les plus sages. Ici, il fallait faire sauter avec la poudre des rochers immenses, en descendre d'autres pour en border la route du côté de la Bruche, à cause du passage des voitures; là, établir des aqueducs pour préserver le chemin des grandes eaux et des glaces d'hiver. Les Ban-de-la-Rochois comprirent bientôt l'utilité de l'entreprise, tous y travaillaient avec joie et assiduité, ayant leur bienfaiteur à leur tête. Le succès couronna bientôt leur persévérance; la communication fut ouverte aux acclamations de tout le pays et des environs.

J'ai vu dans les papiers d'Oberlin que le chemin qui conduisait auparavant de Fouday à Rothau, était fort dangereux en hiver, parce qu'à dix minutes de ce dernier village il fallait traverser la Bruche sur une planche que la neige et la glace rendaient alors très-glissante. Un jour que le pasteur revenait de Rothau avec deux pensionnaires, il glissa lui-même et faillit tomber à la renverse dans le torrent; mais il fut heureusement soutenu; d'autres personnes y tombèrent et se noyèrent. Dès lors Oberlin fit tous ses efforts pour engager les habitants à construire là un véritable pont... c'est le *Pont de charité*, qui reçut ce beau nom parce que la charité en fit tous les frais : vous devez vous souvenir de ce pont, je vous en ai parlé dans ma précédente lettre.

Le pasteur industrieux engagea aussi ses paroissiens à dessécher les marais de la contrée, afin de rendre à l'agriculture tout ce terrain sans valeur. Il y avait entre autres, non loin de Solbach, un marais, auprès duquel Oberlin ne passa jamais sans remplir ses mains de pierres pour les y jeter ; ses enfants et ses pensionnaires en faisaient autant. Cela se fit pendant plus de dix ans et le marais disparut.

Voici comment Oberlin s'y prit pour changer la nourriture des habitants qui se composait de fruits sauvages et de mauvaises pommes de terre. Il fit venir d'Allemagne et de Suisse de bonnes pommes de terre pour en renouveler l'espèce. Il leur enseigna aussi à ménager la semence, en coupant la pomme de terre en autant de morceaux qu'elle a d'yeux. Deux jardins dépendaient de sa cure, ils étaient traversés par plusieurs sentiers très-fréquentés. Aidé d'un domestique intelligent, le pasteur se mit à y planter des arbres fruitiers de plusieurs espèces, afin que les paysans, en voyant ces fruits nouveaux pour eux, eussent envie de s'en procurer aussi. Il arriva comme le pasteur l'avait prévu, et bientôt on vint de tous côtés lui demander de jeunes arbres fruitiers, dont on ne voulait pas auparavant, parce qu'on n'en avait pas vu les fruits. On aurait dû avoir dès l'abord plus de confiance dans le pasteur.

Oberlin ne se lassait point de porter son attention sur tout ce qui pouvait améliorer le sort de ses paroissiens ; il entrait dans les plus petits détails de leurs soins domestiques ; ne se bornant pas à leur donner d'utiles conseils, il institua et distribua des prix pour les faire mieux suivre.

Vous devez penser, mes amis, qu'il n'y avait pas beaucoup d'artisans au Ban-de-la-Roche; aussi quand un outil se cassait, ou qu'une roue de voiture était en mauvais état, ou qu'il y avait quelque raccommodage à faire dans la maison, il fallait faire venir des ouvriers du dehors. Le pasteur choisit parmi les jeunes garçons ceux à qui il reconnut de l'adresse; il les habilla et les envoya à Strasbourg, en payant leur apprentissage, pour apprendre les métiers de maçon, de menuisier, de vitrier, de maréchal et de charron. C'est ainsi que peu à peu, avec une grande persévérance et toujours béni par Dieu, qu'il invoquait sans cesse, Oberlin put réussir dans ses projets charitables. C'était toujours en comptant sur le secours de Dieu qu'Oberlin agissait; il avait tellement l'habitude de le consulter en tout, que quelqu'un l'entendit se parler à lui-même en disant plusieurs fois : « Oui, mon bon Dieu, nous ferons cela ensemble. »

Ses paroissiens virent bientôt combien leur pasteur les aimait, et ils l'aidèrent alors dans ses entreprises; il est vrai que son dévouement pour eux était bien grand : dès qu'il y avait une dépense utile à faire, il donnait tout ce qu'il pouvait; puis, s'il le fallait, il montait à cheval et se rendait pendant la nuit pour gagner du temps, à Strasbourg, à douze lieues, demander à ses amis l'argent qui manquait encore, soit pour la construction d'une école, soit pour payer le loyer d'un pauvre ménage; il rapportait aussi des remèdes pour les malades, et on le voyait, à peine de retour, gravir les montagnes pour les leur porter en y ajoutant des consolations.

Le zèle d'Oberlin pour engager ses paroissiens à penser au ciel, à faire la volonté de Dieu, à devenir les enfants de son royaume, n'était pas moindre : il s'occupait beaucoup des enfants sous ce rapport; les petits enfants eux-mêmes avaient part à ses soins; il les préparait dès le berceau à devenir des hommes utiles et des chrétiens. Comme les parents, occupés à leurs métiers ou à la culture de leurs champs, ne pouvaient veiller sur eux, Oberlin eut l'idée de les réunir dans de grandes chambres qu'il loua et fit arranger, et où les enfants s'amusaient entre eux sous la surveillance douce et maternelle de conductrices qu'il choisit. C'est là, mes amis, le commencement des *salles d'asile* ou *écoles de petits enfants* que vous connaissez tous ; c'est au Ban-de-la-Roche, sous les yeux d'Oberlin, que la première de ces écoles a été ouverte.

La Bible était pour Oberlin une source inépuisable dont il cherchait à répandre les eaux bienfaisantes sur tous ceux qui l'entouraient. Entre autres moyens pour parvenir à ce but, il s'était procuré une petite imprimerie avec laquelle il imprimait lui-même, sur des feuilles volantes de papier carré, de beaux passages de la sainte Écriture, soit de

Ancien soit du Nouveau Testament, feuilles
qu'il distribuait en grand nombre tant à ses
paroissiens qu'à d'autres personnes qui venaient le voir. En voici un échantillon, nous
conservons à peu près la dimension de l'ori-
ginal.

MON AME

BÉNIS L'ÉTERNEL!

ET

N'OUBLIE

PAS UN DE SES BIENFAITS!

———

PSAUME CIII.

Oberlin se servait aussi de ces feuillets
pour sa correspondance, en mettant au dos
quelques paroles affectueuses qu'il adressait
ainsi à ses nombreux amis, ses occupations

multipliées ne lui permettant que rarement d'écrire des lettres plus étendues. Le zèle qu'Oberlin mettait à faire connaître la Bible aux habitants du Ban-de-la-Roche redoubla encore dès que ce livre précieux eut été mis à la portée des plus pauvres par l'établissement des premières *Sociétés bibliques.* Quelle joie pour lui de pouvoir maintenant répandre, non plus seulement par fragments, mais tout entière, cette bonne Parole de Dieu. Le zèle du pasteur excita celui de ses paroissiens, qui, malgré leur grande pauvreté, trouvèrent les moyens de faire à plusieurs reprises des dons considérables aux sociétés de Bibles, de traités religieux et de missions chez les peuples païens.

Oberlin conserva toujours le même feu, la même activité. Malgré les infirmités de l'âge, il traitait son corps durement, ne se couchait jamais avant dix heures, se levait toujours à cinq, la dernière année seulement à six heures.

Mais il ne trouvait plus de repos; il était aussi fatigué en se levant qu'il l'avait été en se couchant. Son imagination était toujours occupée de son troupeau bien-aimé; combien de fois, croyant être seul et pouvoir se livrer à ses pensées, on l'entendait s'écrier : « Ah ! ma paroisse, ma pauvre paroisse !... mon Dieu, aie pitié de ma paroisse ! »

Que les dernières années de sa vie lui semblaient pénibles sous le rapport du bien qu'il désirait de faire. Il aurait voulu pouvoir encore se rendre lui-même dans chaque ménage pour prier, solliciter ses chers paroissiens de ne rien faire sans Dieu, de tout faire par amour pour celui qui a tant fait pour nous. En rencontrait-il un dans sa promenade journalière vers le petit ruisseau de *Belle-Goutte*, il lui tendait la main, lui demandait avec douceur comme il s'appelait, parce que ses yeux ternis ne distinguaient plus bien aucun objet, mais sa figure montrait la joie de son cœur d'avoir parlé à l'un de ses enfants.

L'âge avait respecté sa taille; il ne fut point courbé, comme le sont tant de vieillards, mais il marchait toujours droit. Jusque dans ses derniers jours il pouvait montrer aux jeunes gens comment il fallait se tenir droit : « Venez, leur disait-il, je vous ferai voir comment marchent les soldats : Allons, en ligne ! la jambe gauche en avant ! marche ! puis la droite. » Son visage, habituellement serein, portait quelquefois l'empreinte de la tristesse qui s'empare du chrétien à la vue du péché qui l'entoure; mais lorsqu'il voyait des jeunes gens autour de lui, le sourire le plus tendre animait ses traits. « Mes chers, leur disait-il, j'ai beaucoup pensé à vous cette nuit dans mon insomnie, » puis, les regardant l'un après l'autre, il ajoutait : « Ne devenez pas vieux; je ne suis plus bon à rien, je ne vois plus, je n'entends plus !... J'ai aussi été jeune, quelle force! quelle vivacité! Qu'est-il devenu aujourd'hui, ce vigoureux Fritz? il peut à peine se traîner... Croyez-vous, mes chers, que je murmure pour cela? Ah! non, non!.... Le bon Dieu est plus sage que le vieux Fritz, il sait où il demeure et saura bien aussi quand ce sera le moment de le rappeler à lui. »

Le vieillard n'eut pas à attendre longtemps ce moment solennel; ce corps vigoureux devait enfin succomber sous tant de travaux et de fatigues. Après cinq jours de cruelles souffrances, pendant lesquels on l'entendit s'écrier à plusieurs reprises : « Seigneur Jésus, rappelle-moi bientôt! toutefois que ta volonté se fasse! » le Seigneur exauça enfin ses vœux. Le 1.er juin 1826, les sons lugubres de la cloche mortuaire firent connaître au Ban-de-la-Roche qu'il venait de perdre son père, son bienfaiteur, sa providence visible.

Le 5 juin, jour fixé pour l'enterrement,

arriva. Dès le matin on vit la foule silencieuse et triste descendre les montagnes, accourir de tous côtés pour assister au convoi funèbre. A midi la dépouille mortelle d'Oberlin est descendue dans la cour du presbytère et placée sous l'ombre des arbres que sa main a plantés, en face de la maison d'école qu'il a bâtie, de l'église qu'il a renouvelée, élargie, ornée. La famille, les amis, les pasteurs, les magistrats et les anciens sont rangés autour du cercueil.

Au son lugubre des cloches qui se fait entendre dans toute la vallée, les habitants des huit villages, formant les deux paroisses de Waldbach et de Rothau, les uns après les autres, en rangs serrés, suivis des enfants conduits par les maîtres d'école, se présentent à la porte qui ferme la cour du presbytère. Tous demandent à contempler encore une fois les traits chéris de ce père des habitants, de ce père de l'humanité, traits qu'après cinq jours la mort n'a pu altérer.

Après une allocution et un chant de circonstance, le nombreux cortége se mit en mouvement. En avant du cercueil marchait l'homme le plus âgé du Ban-de-la-Roche, portant la croix à planter sur la tombe. Le service funèbre, ainsi que l'enterrement, devait avoir lieu au village de Fouday, situé à une demi-lieue de Waldbach; et tel fut le nombre des assistants, que la tête du convoi était déjà entrée à l'église de Fouday, quand les derniers membres du cortége n'avaient pas encore quitté la demeure du défunt.

Le service divin commença par le chant doux et harmonieux des paroissiens. Puis un des pasteurs du voisinage monta en chaire et lut un écrit tracé de la main du défunt et trouvé après sa mort parmi ses papiers. C'étaient les adieux d'Oberlin à sa chère paroisse; voici entre autres les vœux qu'il formait pour elle : « O ma chère paroisse ! Dieu « ne t'oubliera et ne t'abandonnera pas. Il a « sur toi des pensées de paix et de miséri- « corde. Attache-toi seulement à lui et laisse- « le faire ! Oh ! puisses-tu oublier mon nom « et ne retenir que celui de Jésus-Christ que « je t'ai annoncé ; c'est lui qui est ton Pasteur ; « pour moi je ne suis que son serviteur. — « Oh ! mes amis ! priez que vous deveniez tous « ses chères brebis. Il n'y a de salut en aucun « autre qu'en Jésus-Christ, et Jésus vous « aime, vous cherche et est prêt à vous re- « cevoir. »

Le même pasteur adressa ensuite un dis- cours à la foule attendrie. Un chœur de jeunes filles termina le service funèbre par un der- nier chant, dont les accents mélodieux et tristes retentirent au fond de toutes les âmes.

La bénédiction donnée, le cercueil fut porté au cimetière. La foule qui se pressait autour du tombeau ouvrit respectueusement un passage. La fosse était creusée sur une petite éminence s'élevant au milieu du cimetière à côté de l'église. Au haut de la pierre, que l'affection a placée sur la tombe, on a gravé le portrait d'Oberlin; l'inscription qui s'y trouve vous est déjà connue.

Le tombeau d'Oberlin est devenu un lieu de pèlerinage. Nombre de voyageurs de toutes nations viennent visiter ce saint lieu. L'un d'eux composa la romance suivante :

LE PASTEUR DU BAN-DE-LA-ROCHE.

Quelle est sous ce sombre feuillage
Cette croix simple et ce tombeau ?
Là repose Oberlin, le sage,
Le vieux pasteur de ce hameau !
Il fut pendant sa vie entière,
Notre ami, notre protecteur,
A la ville et dans la chaumière,
On pleure encor le bon pasteur.

Son humble toit à l'indigence
Ne se ferma qu'avec ses yeux,
Et le flambeau de la science
Par lui vint éclairer ces lieux;
Son esprit, fécond en merveilles,
Suivait les élans de son cœur;
Il nous donnait ses jours, ses veilles...
Qui nous rendra ce bon pasteur!

Après avoir dans leur asile
Avec eux partagé son pain,
Il cultivait le champ stérile
De la veuve et de l'orphelin :
Notre amour était sa richesse,
Faire des heureux son bonheur;
Le plus doux nom pour sa vieillesse
Était le nom de *bon pasteur.*

A travers les roches altières
Il ouvrit des chemins nouveaux,
Et bientôt au lieu de bruyères
Le blé flotta sur nos coteaux.
Tout garde ici la souvenance,
De ses vertus.... O voyageur!
Si tu chéris la bienfaisance,
Donne une larme au bon pasteur.

Je vais vous dire maintenant un dernier adieu, mes amis. Je me sépare de vous avec regret. Au lieu de vous écrire l'histoire du Ban-de-la-Roche et d'Oberlin, j'aurais voulu vous en parler, mais cela ne m'était pas possible, puisque je ne connais pas la plupart de vous. — Je veux au moins terminer en vous faisant une prière. Cherchez, mes amis, cherchez de toutes vos forces à imiter Oberlin, cherchez aussi à devenir utiles aux autres, à leur consacrer toute votre vie. Songez qu'il est malheureux, le pauvre égoïste qui ne pense qu'à lui-même, et que Dieu nous a placés sur la terre pour travailler chacun au bonheur de son prochain.

Vous y réussirez, mes amis, si vous voulez vous décider à combattre le mal, à imiter notre Sauveur, et si vous lui demandez les forces pour vaincre.

Songez, mes amis, au ciel, à la réunion de tous ceux qui auront été ici-bas les amis du bien et les ennemis du mal. Puissiez-vous dès votre jeune âge choisir la bonne part. Je ne puis faire pour vous de meilleur vœu.

Puissions-nous nous trouver réunis à la droite du Bon Berger quand il viendra séparer les bons d'avec les méchants!

ANECDOTES

SUR LE BAN-DE-LA-ROCHE

ET

SUR OBERLIN.

Pauvreté du Ban-de-la-Roche à l'arrivée d'Oberlin.

Un jour Oberlin rencontra une veuve, assise devant la porte de sa maison ; il s'entretint avec elle, au moment où il s'apprêtait à la quitter, il tira un sou de sa poche et lui demanda en hésitant si elle accepterait ce sou de lui. Quelle fut sa surprise, lorsqu'il vit les yeux de cette veuve étinceler de joie ; quoique presque paralytique, elle se leva subitement et lui serra les mains. « Ah, dit-elle, voilà de quoi acheter du pain ; mon estomac ne peut plus supporter les pommes de terre, et je n'ai pas de quoi acheter du pain ! » Cette veuve n'était cependant pas comptée parmi les plus pauvres de l'endroit.

———

Citons encore une anecdote plus caracté-ristique qui a trait à l'état de misère dans lequel se trouvaient les Ban-de-la-Rochois d'alors, et dont Oberlin les a tirés. Oberlin passant un jour près d'un verger, une femme lui montra une plante et lui dit en riant, « voici mon maître, monsieur le pasteur. » — Comment cela, lui répliqua Oberlin, une plante votre maître ? « Oui, dit-elle, j'ai déjà goûté de toutes, elles me servent de nour-riture ; mais quant à celle-là, elle est mon maître, je ne saurais l'avaler. »

———

Quelques traits de l'enfance et de la jeunesse d'Oberlin.

Dès sa tendre enfance Oberlin se fit remarquer, autant par son caractère prononcé que par une touchante sensibilité.

Un jour notre Fritz* traverse le marché, il remarque que quelques garçons poussent méchamment une paysanne et font tomber la corbeille pleine d'œufs qu'elle portait sur la tête; la paysanne est désolée. Fritz lance à ces pétulants un regard foudroyant, leur adresse de rigoureux reproches sans se laisser intimider par leur nombre, prie la femme d'attendre, court chez lui, prend sa cassette, revient rapidement, et verse tout son avoir dans les mains de la villageoise étonnée.

———

Encore un trait qui fera plaisir à nos lecteurs.—Près de la demeure d'Oberlin un garde

* Abrégé de Fréderic, son nom de baptème.

de police maltraite un mendiant estropié ; Fritz survient, il prend fait et cause pour l'opprimé, se place entre lui et l'oppresseur et témoigne à celui-ci toute l'indignation que sa barbarie lui inspire : le garde sent sa dignité compromise, il veut arrêter le jeune téméraire, mais à l'instant les voisins accourent et en imposent au garde, qui est obligé de lâcher le mendiant et son protecteur. Quelques jours après notre Fritz rencontre le garde dans une petite rue, il l'aperçoit de loin : fuiras-tu ? se dit-il ; non ! non ! se répond-il à l'instant, tu es venu au secours d'un malheureux, Dieu sera ton aide, et il passe hardiment à côté de l'homme de la police, qui ne peut s'empêcher de sourire à l'héroïque enfant.

Les ressources pécuniaires de notre jeune étudiant étaient toujours fort modiques, cependant la bienfaisance était pour lui un véritable besoin ; pour pouvoir y satisfaire, il fallait économiser ; c'est ce qui le fit passer pour avare aux yeux de quelques étourdis. Un jour il passe un pont avec un autre étudiant ; celui-ci croyant donner une leçon de désintéressement à son camarade, tire de sa poche une petite pièce de monnaie d'argent et la lui fait voir, puis il la jette dans la rivière, en disant d'un ton de fanfaron. « Vois-tu, Fritz ! » Oberlin ne dit mot ; bientôt ils rencontrent un pauvre aveugle, aussitôt Oberlin tire de sa poche une pièce de la même valeur que celle qu'avait jetée son camarade, et la remet à l'aveugle, en disant à son tour au camarade : « Vois-tu ? » De pareils traits et son courage bien connu en imposèrent à une jeunesse turbulente qui, n'ayant pas eu assez d'énergie pour imiter son exemple, aurait voulu faire de lui l'objet de ses railleries.

Voici quelques-unes des règles de conduite qu'il s'était tracées dans sa jeunesse :

Je veux m'efforcer de faire toujours le contraire de ce qu'un penchant sensuel voudrait exiger de moi. Je ne mangerai et ne boirai donc que peu, et jamais plus qu'il ne faut pour la conservation de ma santé. Quant aux mets que j'affectionne le plus, j'en prendrai moins que de tout autre.

Je veux exercer les devoirs de mon état avec la dernière exactitude et la dernière ponctualité. Je veux consacrer tous les moments disponibles aux études, pour me rendre le plus tôt possible apte aux fonctions de prédicateur.

Détache toujours quelque partie de tes revenus pour les pauvres, et administre ce fonds en bon gérant.

Tout comme le pain accompagne tous nos autres aliments jusqu'à la fin de notre vie, de même l'étude de la Bible doit accompagner toutes nos autres études.

Oberlin, comme nous pouvions le supposer d'après la première règle de conduite que nous avons rapportée, supportait courageusement les maux du corps; en voici un exemple :

Vers la fin du mois de décembre 1766 un abcès se forma à sa joue droite, il grossit rapidement et le fit beaucoup souffrir; cependant il avait promis pour le 28 de ce mois de prononcer dans une église de Strasbourg le sermon du matin, qui alors était prêché de six à sept heures : malgré la rigueur de la saison et son état souffrant, il monte en chaire, s'acquitte de sa prédication avec ce feu et cette onction qui lui étaient propres, s'eu retourne à la maison, fait lui-même l'opération de son abcès et se remet à l'étude.

Il conserva jusqu'à la fin de ses jours cet empire sur soi-même, disant que le corps devait obéir à l'âme.

Sur son lit de mort il demanda uu verre d'eau; l'estomac se refusa de faire son service. « Marche! » dit-il à l'eau d'un ton ferme; mais, hélas! *le bon Papa** ne fut plus obéi.

Visite d'Oberlin à un jeune malade.

Nos jeunes lecteurs seront bien aises de suivre notre pasteur dans une de ses courses de montagne. Il la raconte lui-même :

« Au haut du champ-du-feu la nature fut d'une beauté incomparable, un silence solennel régnait partout, aucun vent, chose rare, ne se fit sentir, les vallées et les montagnes étaient comme couvertes d'une robe d'une blancheur éclatante, les forêts de sapins semblaient être poudrées de frimas, la neige glacée réfléchissait partout avec vigueur les rayons du soleil. »... « La proximité appa-

* Les habitants du Ban-de-la-Roche ne l'appelaient pas autrement.

rente du ciel anima toute mon âme de force et d'encouragement, plus que jamais je pris la résolution de consacrer toute ma vie au bien-être de mon prochain, pour remplir les vues de mon créateur et obéir ainsi, autant qu'il me sera possible, aux préceptes de notre Sauveur... Partout la nature fit voir des beautés que n'offre point l'été, mais la fatigue pesait sur tous mes membres, les dangers renaissaient à chaque pas. Tantôt c'était de vieux troncs d'arbres à moitié pourris, qui, cachés sous la neige, vous faisaient tomber, tantôt il fallait descendre des rochers couverts de glace, à côté d'affreux précipices. » Le lendemain Oberlin voulut s'en retourner, mais pendant la nuit le temps était devenu tel, que cela fut de toute impossibilité. Il fut pendant plusieurs jours, comme il s'exprime lui-même, « le prisonnier de la neige et des vents. »

———

Voici le commencement d'une lettre qu'il écrivit aux enfants de sa paroisse qui venaient de célébrer son jour de naissance.

• AUX ÉCOLIERS DE MA PAROISSE.

Waldbach, ce 1.er septembre 1810.

« MES CHERS ÉCOLIERS,

« Je suis très-sensible à l'honneur que vous m'avez fait par vos guirlandes en souvenir de ma 70me année écoulée. Mais vous ne pensiez pas, qu'un honneur qu'on ne mérite pas humilie et rend confus.

« Si par mes faibles efforts, j'ai pu vous être de quelque utilité, tout l'honneur en appartient à Dieu, qui a allumé dans mon cœur cet amour que je vous porte, et m'a donné et conservé jusqu'ici les forces de travailler d'après le souhait de mon cœur. Ce sont les belles fleurs, que votre propre créateur a données à votre pays, qui vous ont servi de matière et d'étoffe, pour me donner ce témoignage de votre amour. Ces fleurs sont bientôt flétries, mais l'impression qu'elles ont faite sur mon cœur, ne se flétrira jamais ; et je demande ardemment à Dieu, que vous puissiez devenir des fleurs non-flétrissables dans le paradis de Dieu. Que Dieu vous bénisse et qu'il bénisse les personnes qui travaillent à votre instruction avec ardeur et fidélité, pour vous faire prospérer pour le service et l'honneur de votre cher et tendre Sauveur. »

Dévouement d'Oberlin pour les maisons d'école.

Les fondements de la maison d'école de Waldbach avaient été jetés le 31 mai 1769. Oberlin mit tant d'ardeur à l'accomplissement de cette bonne œuvre, que déjà le 14 août suivant, après deux mois et demi, la carcasse fut dressée et la maison bénie. Cette belle maison d'école dominait pour ainsi dire l'humble demeure du bon pasteur. Oberlin dit dans une notice que nous avons sous les yeux : « Je demeurais dans une vieille maison où j'endurai des incommodités et des pertes continuelles par les rats et la pluie qui perçait partout, ne voulant point qu'on m'en donnât une neuve, aussi longtemps que les écoles ne seraient pas convenablement logées. » Ce n'est toutefois qu'au commencement de 1771 qu'Oberlin put faire faire les bancs et les tables, faute d'ouvriers. Lorsque le tout fut fini, il resta à la charge d'Oberlin une dette de 1,000 francs, dont il parvint cependant à se libérer en peu d'années, tant il est vrai que *pas un de ceux qui se confient en l'É-ternel ne sera confus.* (Psaume XXIV.) — Ajoutons que le respectable fondateur a encore supporté seul les frais de réparation pendant plus de trente années.

A *Bellefosse* l'école se tenait à tour de rôle dans la chambre plus ou moins petite des paysans ; parmi des inconvénients de tous genres, se rencontrait aussi l'inconvénient très-grave, que seulement un petit nombre d'enfants pouvait assister à l'instruction. Oberlin vint encore au secours de ses paroissiens. Il fut longtemps sans pouvoir trouver un local convenable. Voici ce qu'il nous apprend dans ses Annales : « Le 21 août 1773 fut l'heureux jour où j'ai trouvé, entre le Haut- et le Bas-Bellefosse, une portion de prairie qu'on m'a cédée pour 26 florins (environ 52 francs), pour y bâtir une maison d'école. »... Les Ban-de-la-Rochois revenus de leur erreur, s'empressèrent de contribuer à cette construction en amenant les pierres et le bois nécessaires que les cinq villages de la paroisse fournirent en grande partie. On était obligé de chercher les pierres de taille dans le pays de Senonne, à travers les che-

mins les plus mauvais et qui n'étaient pas
sans danger; les Bellefossiens s'y dévouèrent
avec la meilleure volonté.*

Charité chrétienne de quelques femmes de la paroisse d'Oberlin.

Oberlin reçut de la Société biblique de
Londres, quelques exemplaires de la Bible à
distribuer parmi ses paroissiens. Voici l'usage
qu'il en voulait faire, comme il l'écrit lui-
même au secrétaire de la Société anglaise.

1) La première Bible sera donnée à *Sophie Bernard*, qui est une des plus excellentes
femmes que je connaisse, et assurément un
ornement de la paroisse. Encore non mariée,
elle se chargea, avec le consentement de ses
parents, de l'entretien et de l'éducation de
trois garçons délaissés, que leur père déna-

* Bellefosse est une des communes de la paroisse de
Waldbach.

turé avait souvent écrasés sous ses pieds, et traités avec une cruauté trop choquante pour être racontée, quand, mourant presque de faim, ils osaient demander du pain. Peu après elle devint l'heureux moyen de sauver la vie à quatre enfants catholiques, qui, sans son secours, seraient tombés victimes de leur dénûment et de leur faim. C'est ainsi qu'elle se trouva chargée de l'entretien de sept enfants auxquels elle ajouta plusieurs autres, appartenant à des membres de trois différentes communions. C'est alors qu'elle loua une maison et prit à son service une servante, et entretint toute la famille par le travail de ses mains, et par le peu d'argent qu'elle tirait de l'industrie des enfants adoptés, auxquels elle apprit à filer du coton. Dans le même temps elle devint la plus grande bénédiction pour le village qu'elle habitait; car il est impossible d'être plus industrieuse, plus frugale, plus propre, plus gaie et en même temps plus édifiante par toute sa conduite et sa conversation; plus portée à toute bonne parole et à toute bonne œuvre; plus douce, plus affectionnée, plus ferme et plus résolue dans les dangers, qu'elle l'était. Un jeune homme d'une âme noble lui fit l'offre de sa main; d'abord elle le refusa, mais il lui déclara qu'il attendrait même dix ans, alors elle lui répondit, que jamais elle ne se séparerait de ses pauvres orphelins; mais, lui dit-il, qui prend la mère prend aussi ses enfants. C'est ainsi qu'il fit, et tous ces enfants furent élevés par eux avec les plus tendres soins. Encore dernièrement ils ont pris chez eux quelques autres orphelins auxquels ils inspirent la crainte et l'amour de Dieu. Quoique ces excellentes gens passent presque pour riches, en raison du bien qu'ils font, leur revenu est néanmoins si borné, et leur bienveillance si étendue, que bien des fois ils sont en peine de trouver de quoi se fournir les habits les plus indispensables. C'est à eux que je me propose de donner une Bible, en considérant que le peu d'argent qui leur reste, est souvent prêté au dehors dans différents villages catholiques du voisinage.

2) Je me propose de donner une autre Bible à une excellente femme, *Marie Müller*, qui demeure à l'extrémité opposée de ma paroisse, où le froid est plus rigoureux et le sol stérile, de sorte que presque tous les pères de famille sont obligés de se prêter tour à tour leurs habits, quand ils se proposent d'aller à la sainte Cène. Cette pauvre femme est également d'un caractère distingué, à la louange de laquelle je pourrais alléguer beaucoup de traits, si je voulais entrer dans des particularités. Quoique malheureuse et sujette à des souffrances de tous genres, elle est néanmoins la mère, la bienfaitrice et l'institutrice de tout le village où elle demeure, et encore de quelques endroits voisins. Elle

prend l'intérêt le plus vif à tout ce qui a rapport au royaume du Sauveur sur cette terre, et souvent elle gémit des attaques que les méchants ne cessent de lui livrer. Elle aussi a élevé plusieurs orphelins sans en recevoir la moindre récompense, elle tient une école gratuite pour les enfants de son sexe, et se fait un devoir de prêter sa Bible à ceux qui en sont entièrement privés.

3) Une troisième Bible est destinée pour une excellente veuve, *Catherine Scheidecker,* qui est, comme les deux précédentes, une mère des orphelins et tient également une école gratuite; et ainsi le fait aussi une jeune femme qui instruit les enfants d'un village voisin dans toutes les connaissances qui puissent en faire des membres utiles de la société humaine et chrétienne. Je pourrais aisément alléguer encore beaucoup d'autres caractères de la même trempe, dont les yeux reconnaissants se mouilleront de larmes, quand

ils se verront jugés dignes du présent d'une Bible.

———

Voici quelques maximes qui étaient écrites sur les murs du cabinet d'Oberlin :

De l'huile dans la lampe.

Constante bonté, fermeté douce, charité mâle et inaltérable.

L'animal aussi éprouve la douleur, ne le tourmente pas, aie pour lui aussi un cœur humain.

La devise d'Oberlin que nous devrions tous avoir, était : MARCHER DEVANT DIEU.

———

Vous trouverez à la fin du petit livre une copie exacte d'une lettre d'Oberlin à une jeune personne de Strasbourg qui avait été en pension chez lui.

TABLE.

FIN.

Romance
Chant
Piano,
Quelle e
O-ber-lin le sa-ge,
no-tre pro-tec-teur,

LE PASTEUR DU BAN-DE-LA-ROCHE.

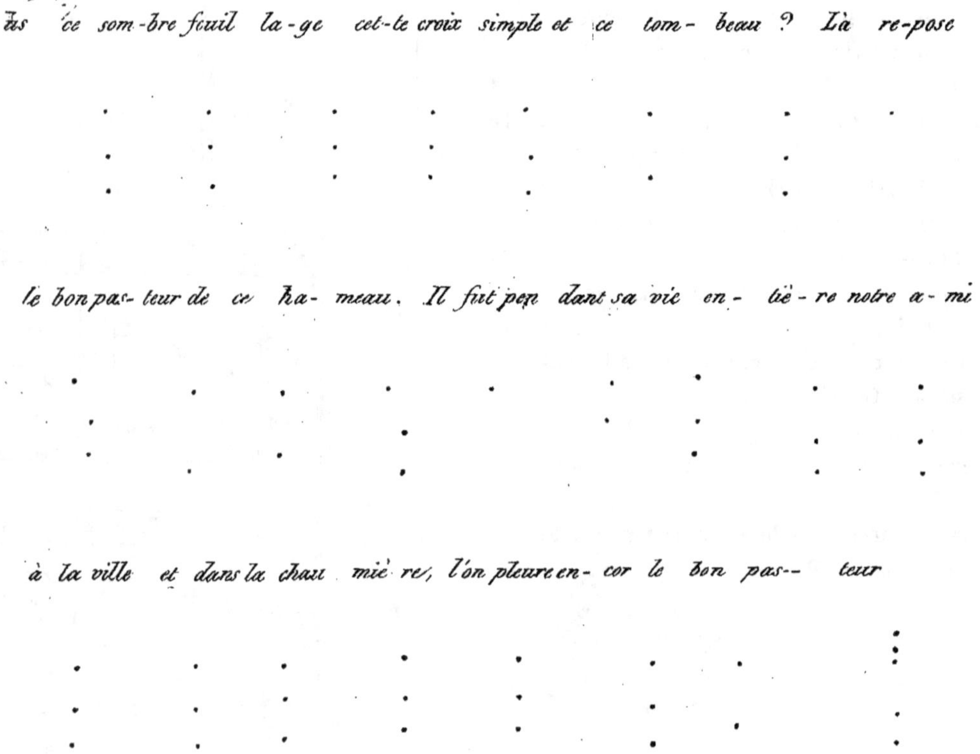

Vois-tu ce sombre feuil-la-ge, cet-te croix simple et ce tom-beau ? Là re-pose

le bon pas-teur de ce ha-meau. Il fut pen-dant sa vie en-tiè-re notre a-mi

à la ville et dans la chau-miè-re, l'on pleure en-cor le bon pas-- teur